コロナのあとにくるもの

平田和文

22世紀アート

初めに

この本は二〇二一年一〇月三一日、長野県にある飯田中央キリスト教会の礼拝のメッセージを基本に書きあげたものであります。当時のメッセージのテーマは『蘇民将来ミレミアム思想』でＤＶＤに保存されておりそれを見ながら原稿を書かせて頂きました。６ヶ月間かけて修正追加を加えさせて完成しました。

後半の章の『幕があがる』は過去出版された二つの本から抜粋《ばっすい》しそのまま書いております。一冊目は12年前イーグレープ社より発行された「揺れても沈まない」です。その後この出版社が倒産した為に、二〇二〇年七月に、22世紀アート社が「聖書的経営」として電子書籍として発行して下さいました。

二冊目は五年前に文芸社より「６66がやってくる」「闇勢力」イルミナティ・フリーメイソ

ンと発行されました。

今年二月二四日ロシア軍がウクライナに侵攻し、世界大戦と発展しかねないことが危ぶまれていますが、この件は二〇〇九年プーチン首相が二〇一二年ロシア大統領になることを本で私が予告してたその通りになり、そして彼がソビエト時代のロシアにする為に行動することを予測していましたが、その通りになってきました。

今回「コロナのあとにくるもの」として出版して下さった株式会社22世紀アートに感謝致します。

令和四年四月十四日

目　次

コロナウイルス

コロナウイルスのコロナの名の由来は、電子顕微鏡でコロナウイルスを観察すると表面に12突起が見られ、その形が王冠や太陽の光冠（コロナ）に似ているところからきています。ギリシア語が語源です。

コロナウイルスの感染病が初めて世界に知られたのは２０１９年12月31日、武漢の医療機関で原因不明の肺炎患者が確認され、12月８日、武漢で発生したと発表されたのが最初でした。初期警鐘を訴えた、李文亮（33）先生も感染し、２月７日、死去されました。

患者の多くは、武漢市の海鮮市場での客や従業員でした。今回の新型コロナウイルスはコウモリが起源とされています。

コウモリはコロナウイルスを保有している「宿主」ですが、人には直接感染しにくく、タケネズミ・アナグス・ヘビ・センザンコウなどの野生動物が「中間宿主」としてウイルスを媒介したとみられています。武漢の海鮮市場は「野味」としてこれらの野生動物を食べる習慣があり、食べた方が最初に感染されたと言われています。中国政府は野生動物の販売や食べることを禁止しました。

コロナはまもなく終焉する

今日、コロナ禍で日本中、世界中、個人も社会も疲弊し、閉塞感の状況にあります。いつ終るかわからない中、希望があるのでしょうか？

まず結論的に言えば、コロナは間もなく終焉し、世界に希望の光がさして来ます。

ものごとには始まりがあれば終わりがあります。ずっと続くことはないのです。ですからコロナの終りの時があるのです。

歴史上、人類は疫病との戦いをくりかえしてきました。近年１００年単位の周期でウイルスの流行（パンデミック）がありましたが、いずれもやがて終っているのです。そしてその期間は3、4年になっています。

新型コロナウイルスは２０１９年12月頃、中国の武漢市で市場で売られている野生動物を食べたところから人に感染し世界中に広がりました。

日本では２０２０年２月、横浜港に入港したクルーズ船で集団感染がおき、７１２人の方が感染し、そのうちの13人の方がコロナで亡くなりました。やがて屋形船や飲食店、スナック、カラオケ、ディスコでクラスター（集団感染）が広がり、４月、７都府県に緊急事態宣言が発動され、その後全国に拡大していきました。そんな中、東京２０２０のオリンピックの開催も延期され、新型コロナウイルスの対策の為、不要不急の外出自粛要請と三密（密閉、密集、密接）をさけることが呼びかけられました。

２０２１年８月第５波の当来で感染者がピークに対して10月には０に近いところに鎮まりかかっていたときアフリカ南部で新種のオミクロン株が発生し、２０２２年新年にはいり感染者が急速にふえはじめました。

２０２２年１月９日現在日本では感染者１７６万７３５９人、退院者１７１万５０８７人、死者１万８４１３人。世界のおもな国（１月９日現在）では、感染者（死者）は次の通りです。

米国５９７６万７３４２人（83万７２６４人）、印度３５５２万８００４人（48万３７９０

人）、ブラジル２２３２万８２５２人（61万９６５４人）、英国１４４２万２０６７人（15万０５３７人）、フランス１１９２万１９２５人（12万６３３７人）、インドネシア４２６万５６６６人（14万４１２７人）、タイ２２６万９５５０人（2万１８２６人）、オーストラリア97万２４５７人（２３６６人）、韓国66万４３９１人（６０３７人）、中国11万６４６８人（４８４９人）、世界3億０５２４万人（５４８万５７１８人）、第6波を抑えているさなか、先の見えない状態になっています。人類が体験したことのない未曾有のコロナ禍であります。

今回のコロナ禍流行をさかのぼること約１００年前にウイルスのパンデミックがありました。

１９１８年（大正7年）からの１９２０年（大正9年）、第一次世界大戦の終り頃にスペイン風邪（ＨＩＮＩ亜型インフルエンザ）がはやりました。全世界で約6億人が感染し、約２０００万人〜４０００万人の人が亡くなりました。その時、日本も第1次世界大戦に参戦したためとばっちりを受けてスペイン風邪にかかった人は約２３００万人で、亡くなった方は約38万人になっています。今のコロナ死1万８０００人に対してはすごい数の方がスペイン風邪で亡くなっています。スペイン風邪の名の由来は第一次世界大戦にアメリカがヨーロッパの戦争に参加したときに、アメリカの兵隊がスペインに行って風邪をうつして広がったためスペイン風邪と呼ばれたのです。スペインで発生したものでなく、アメリカで発生したものですが、普通ならアメリカ風邪と呼ばれるはずですが、スペインにとっては迷惑なことです。

コロナウイルスは武漢で発生したから武漢風邪、中国風邪と呼ばれそうなんですが、今回はそういう名前を付けなかったみたいですね。

それからまた約１００年さかのぼると、１８２０年代にはコレラが世界中に広がってやはりヨーロッパの人達が大勢亡くなりました。そのときも世界中パニック状態でした。パンデミック（世界的流行）という言葉を使いますが、大慌てしました。

コレラの発生源は１８１７年、インドガンジス河口です。ヨーロッパ人がインドを侵略して接点を持ったところで、１８２０年頃にヨーロッパに流行しました。ロンドンで大流行そして１８３１年、パリで流行しました。

更に約１００年さかのぼると、１７２０年にはペスト、日本語では黒死病と呼ばれ、14世紀のヨーロッパの流行では、人口の１／３がペストによって失なわれ、皮膚が黒くなる病状から恐れられました。１７２０年マルセイユ（南フランス）で発生し、フランスで流行し、大勢のヨーロッパの人がなくなりました。１８２０年代のコレラ、１７２０代のペストは日本は鎖国していた為に影響を受けてませんでした。

過去大きな疫病は１００年周期で起きていますが、数年で収まっています。今回のコロナ禍もいずれ収まり終息宣言が必ず出ます。コロナ禍はいつまでも続かないのでやがて終わるので不安がらなくてもいいのです。

もう1度くりかえしますが、物事は、始めがあれば終りがあるのです。

「わたし（キリスト）はアルファであり、オメガである。最初であり、最後である。初めであり、終わりである」。—黙示録22章13節—

「一つの時代は去り、次の時代が来る。」—伝道者の書1章4節—陽はまた昇るのです。

さて、日本の神話の時代にさかのぼって見ましょう。やはり疫病がはやった時があります。

天照大神の弟スサノオが伊勢の方に旅をしている時に遅くなり暗くなったので、ある立派な家をトントンとたたいて「すみません、今晩泊めてください」とお願いしたら、「なんだ！こんな遅く来て」と門前払いを食いました。

その隣にみすぼらしい家があって、すこし明かりがついていたので、「すみません、泊めていただけませんか？」と言ったら、「うちでよければ粗末なところですがどうぞ。」と泊めてくれました。最初の立派なうちは泊めてくれた人の弟ので、お兄さんは甲斐性がなかったのか貧乏暮らしをしていました。

一夜明かしてスサノオはお礼に何か不幸や災いが起きたらこの「茅（ススキ、カヤ）の輪」を玄関の入口にぶらさげておきなさい」と渡して旅に出られました。スサノオがその所を去ってしばらくして、その地方に疫病がはやって大勢の人が亡くなったのですが、茅の輪を飾っていた家の方は病にかかりませんでした。その家の方の名前は蘇民将来といいました。それで日本では今までも茅の輪と蘇民将来子孫也のお札を玄関に貼っています。

これは、疫病、災い、魔除けの印です。

コロナウイルスが今日、日本中、世界中はやったため、今度は玄関の入口ではなく、約１m

半の人がくぐって通れる大きな茅の輪を各全国の神社はもうけています。

神話にならった宗教的な行事ですが、疫病対策のために日本では今もずっと守り続けられています。

日本でも古い昔、何度か疫病が起こりましたが、かならず終って収まっているのです。

皆さん、「蘇民将来子孫也」の漢字の意味を御存知でしょうか？それは聖書が古い昔中国を通して日本へ伝えられた時、イエス・キリストが復活することが日本の伝統行事習慣の中に組み込まれていたのです。「将来よみがえる民の子孫」とのことで、キリストの復活にあずかる信仰の民とのことです。

異邦人（異教徒）に対する疫病の災い

聖書で最初に疫病のことがふれられているところが、今から３６００年ほど前にエジプトにおいて神の懲罰、さばきとしてエジプト人に下されました。イスラエル人（ヘブライ人、ヘブル人）が約４００年の期間エジプトでドレイとして生活しており、その中から神は、指導者モーセに約束の地（カナン・パレスチナ）へ民を導びくように語られたことから、話は始まります。

当時、エジプトの王（ファラオ）パロにエジプトの地から解放して下さるように、進言するが彼はがんとしてかたくなにこばみました。その為にエジプトに対して神は災を下しました。10の災の5番目が疫病でした。

出エジプト9章1～6

△第　九　章△　主《しゅ》はモーセに言《い》われた、「パロのもとに行《い》って、彼《かれ》に言《い》いなさい、『ヘブ
ルびとの神《かみ》、主《しゅ》はこう仰《おお》せられる、「わたしの民《たみ》を去《さ》らせて、わたしに仕《つか》えさせなさい。二あな
たがもし彼《かれ》らを去《さ》らせることを拒《こば》んで、なお彼《かれ》らを留《と》めおくならば、三主《しゅ》の手《て》は最《もっと》も激《はげ》しい
疫病《えきびょう》をもって、野《の》にいるあなたの家畜《かちく》、すなわち馬《うま》、ろば、らくだ、牛《うし》、羊《ひつじ》の上《うえ》に臨《のぞ》むであ
ろう。四しかし、主《しゅ》はイスラエルの家畜《かちく》と、エジプトの家畜《かちく》を区別《くべつ》され、すべてイスラエルの
人々《ひとびと》に属《ぞく》するものには一頭《とう》も死《し》ぬものがないであろう」と』。五主《しゅ》は、また、時《とき》を定《さだ》めて仰《おお》せ
られた、「あす、主《しゅ》はこのことを国《くに》に行《おこな》うであろう」。六あくる日《ひ》、主《しゅ》はこのことを行《おこな》われた
ので、エジプトびとの家畜《かちく》はみな死《し》んだ。しかし、イスラエルの人々《ひとびと》の家畜《かちく》は一頭《とう》も死《し》ななか
った。七パロは人《ひと》をつかわして見《み》させたが、イスラエルの家畜《かちく》は一頭《とう》も死《し》んでいなかった。そ
れでもパロの心《こころ》はかたくなで、民《たみ》を去《さ》らせなかった。

疫病の災が下されてもファラオは解放しませんでした。6番～10番目の災を持ってようや

く解放しました。

やがていきようようとしてエジプトを脱出したイスラエルの民は紅海まできた時、心をひるがえしてイスラエルの民をエジプトに連れもどす為と追っかけてきたパロとエジプトの軍隊と紅海にはさまれて、前に進むのにも、後へ進むにもどうしようもない危機一髪の状態の中で、紅海が割れて、そのかわいた海を通って対岸にわたり切る奇跡を体験しました。

やがて同じようにパロとエジプト軍は紅海の割れた所をイスラエル人の後をおってきたけれども、紅海の海の水がもとにもどったので水死しました。そのパロ王ラメセスⅡ世の遺体は見つけられて、カイロの王立博物館にミイラとしてあります。

１９９５年、私は直接３６００年前のミイラとなったパロ王に対面しました。

更に聖書にも疫病がはやったところが発見できます。今から３０００年ほどの出来事です。

古代エジプトにイスラエルの民がパレスチ（カナン）の地より移り住んで人口も約３００万に増え広がってドレイとしての生活をしいられていました。その頃、神がモーセを立てて、カナンの地に帰えらそうと計画をたてられました。

そして、モーセは神の示しに従ってエジプトの王様に自分達イスラエルの民をふるさとカナンの地に帰らせて下さるように、懇願しました。しかし、エジプト王パロ（ファラ王）はなかなか首を縦にふらなかった。

お願いしても去らせなかったので神はパロ王にうんと言わせる為に十の災いを下されました。

この出来事は「十戎」という映画でわかりやすく見ることが出来ます。観られた方もおられるでしょう。チャールトン・ヘストン、ユル・ブリンナ出演、セシル・Ｂ・デミル監督、パラマウント製作、１９５６年の作品です。

最初の災いはナイル川を血に染めた出来事でした。ナイル川だけではなく井戸水も血に赤く染まりました。イスラエル人の井戸水は血に変らず飲めましたが、エジプトの人たちの井戸水は血に変わって全く飲めなくなるという裁きを神様は与えられたのですが、王様はかたくなに頑としてイスラエル（ヘブライ）の民を去らせませんでした。なぜなら当時公共事業のピラミッド建設の労働力として、イスラエル人がドレイとして必要だったからです。

次に第2の災いである〝カエル〟の大群がエジプト全土にはびこり、エジプト人を悩やまされました。続いて〝ぶよ〟、〝あぶ〟の大群で悩やましました。

第5の災いが下されましたが、この時疫病が下され、家畜（馬、ロバ、ラクダ、牛、羊）がみな死ぬ懲罰が下されました。

今日起っている鳥インフルエンザ、とんコレラ等の動物だけに感染する疫病の最初になります。

第6の災害はうみの出るはれもの、第7の災害は雹（ひょう）、第8の災害はいなご（バッタ）の大群、第9の災害は暗闇（くらやみ）で、真昼なのに真っ暗になり、太陽が消え、毎日昼も夜もすべて夜になって人々の生活がパニック状態になりました。

このような中でも、エジプト人の住む地域とイスラエル人の住む地域とは区別され、イスラエル人の住む地域には昼があり、災の中でも神様は守って下さりました。

5番目の災いに疫病が起こされますが、すべての家畜が死にました。コロナウイルスは武漢市の市場で売られたコウモリを人間が食べて人に感染して起ったと言われています。又別の説では人工的に造られてそれがバラまかれて広がったと言われています。そのちょう本人は暗勢力のフィリーメーン・イルミナティーだと都市伝説で流れています。

私の知り合いの泉パウロ牧師（純福音立川教会）は２０２１年４月に「新型コロナウイルスは細菌兵器である！」と言う本を出版しました。

どの説（自然派生説、人工製造説）が正しいかは別として、もう１つの見方として次のような見方があることも心にとめておいて下さい。

それは、神様が容認されて疫病が起こされたと言うことです。現実の自然災害とか、第１次、第２次世界大戦では人間同士の利害関係の対立で大勢の人が亡くなりましたけど、これらの起こった出来事は、神様のゆるしのもとで起されたことで、人類の歴史は神の支配下のもとでなされた事なのです。英語のヒストリーＨＩＳＴＯＲＹはＨＩＳ（彼の）ＳＴＯＲＹ（物語）からきたもので、イエスの物語、神の物語なのです。すなわち神（Ｇｏｄ）の歴史なのです。

今日コロナウイルスが蔓延して世界中を席巻していますが、それも創造主なる全知全能の神様が許されなければ起こらなかったという観点からとらえる事も大切なことと思います。

最後の10番目の災害は長子がすべて殺されるという審判です。神様はモーセを通してイスラエルの民に対して次のようなことを命じられました。家の玄関の入口の柱2本と鴨居の横木に小羊の血をほふってその血を塗りなさいと言われました。

真夜中になって神から使わされた死の使いが血を塗っていないエジプト人の家の初子を打たれました。血を塗っているイスラエル人の家を死の使いは過ぎ越され神は救ってくださいました。これを過越の祭りとして今日までイスラエル人は記念として守り続けておられます。

その子羊の血は、この事件が起こった１６００年後に、神の子イエス・キリストが世の罪を取り除く神の小羊として屠られました。そして十字架の上で私達の罪の為に血を流してみがわりとなって死んで下さいました。

そして、葬られて三日目に死人の中からよみがえりました。私達は今日《こんにち》小羊をほふって血を塗らなくてもいいのです。

ただ心の中でイエス・キリストの十字架の死と葬りと復活を単純に信じればいいのです。

この福音、グッド・ニュース（よきおとずれ、よき知らせ）を信じる者は誰でも救われるのです。

私達がイエス様を信じるという行為を通して、私達の心の扉に小羊の血が塗られたとのことです。

イエスを信じて救われるということは、簡単なことで、ただ素直に信じて、イエスは神の子であると告白すればいいのです。

♪一番　十字架にかかりたる。救い主を見よや、子は汝が犯したる罪の為。二番　イエスは罪の為に苦しめる者をば、あわれみて救わんと招きたもう。

ただ信ぜよー　ただ信ぜよー

信じる者は、誰もみな救われん♪

聖歌　４２６（４２４）番

イエス・キリストの流された血に命があり、力があります。その流された血潮を賛美すると、不思議なこと奇蹟が現実的に起こります。Ｒ４年1月25日屋久島で交通警備の仕事で警備員を派遣したら、ユーザーから仕事を始める前に電話がありました。警備員３名のうちの１人が抗原検査キットで測定したら陽性が出たので仕事できないので帰っていただいたので、明日は替りの人を入れて下さいとの事でした。その連絡を受けて警備員を1週間は自宅待機、彼の息子もホテルのナイトフロントで働いていたので、休んでもらい、他の替わりの人を段取りしなければと緊張し、動揺しました。

しかし、イエスの血の力を信じて賛美し、イエスの名前と血潮を唱えました。

♪罪・重荷をのぞくは血の力、主の血は
悪魔の業をこぼつくしき力からなり
力ある　主イエスの血　受けよ！　受けよ！
力ある　主イエスの血　受けよ！　今　受けよ！♪
聖歌４２７（４２５）番

私は、従業員の体内の中に入るオミクロン株のウイルス菌が体外に出て行くようにイエスの名と血によって命じて祈りました。声に出して「従業員の体内に宿っているウイルスよ、イエスの名とイエスの血よって命じる！彼から出て行け！」と宣言の祈りをしました。

祈り終ったあと動揺している気持が落ちついて心おだやかになりました。

まもなく従業員から電話があり、「今、徳州会病院です。検査してもらった結果、陰性でした。」と報告を受けました。

私は報告を受けたあと「ハレルヤ！イエス様の血の勝利」と感謝の祈りを献げました。

コロナウイルスはイエス様の血に対しては無力なのです。イエス様の血に力があるのです。旧約のエジプトであった過越し祭で伝えられている「小羊の血」の効能は今も有利で現実的に起りうる事なのです。

イエス様の十字架で流された血潮が本当の防護マスクであり、フェイスシールドなのです。そしてコロナワクチンなのです。ワクチン注射は、皆様の心の中に信じるという行為で打たれるのです。

信仰と言うものは、常識をはるか越えたものです。一般常識では理解できない事がありま す。

新約聖書ルカによる福音書8章22節～25節に次のような下りがあります。

ある日のこと、イエスは弟子たちと舟に乗り込み、「湖の向う岸へ渡ろう」と言われたので、一同が船出した。

渡って行く間に、イエスは眠ってしまわれた。すると突風が湖に吹きおろしてきたので、彼らは水をかぶって危険になった。

そこで、御そばに寄ってきてイエスを起し、「先生、先生、わたしたちは死にそうです。」と言った。イエスは起き上がって、風と荒浪とをおしかりになると、止んで凪《なぎ》になった。イエスは彼らに言われた、「あなたがたの信仰は、どこにあるのか」。彼らは恐れ驚いて互いに言い合った、「いったい、このかたはだれだろう。お命じになると、風も水も従うとは」。

２０２０年９月６日戦後最大級（特別警報級）最大瞬間風速85ｍ以上の台風10号が日本に

やってきました。

私の経営するホテル屋久島山荘ではＭＢＣ南日本放送が台風情報の生放送を６階のレストランから実況されました。私も生放送に立ち会い、終わった後、屋上に上がり、吹き叫ぶ風と荒れくるう波に向って、イエス様がなされたように台風の勢力が弱まるように祈り、しかりました。自分自身内心気がくるっているのではないかと思いながら、台風の勢力が治まるように信じて祈りました。祈ったあと台風の勢力が小さくなり、被害は大きくなく小さくなると確信がわいてきました。この日は、家が飛ばされると何組かの近くの方々がホテルに避難してきておりました。

次の日通過した台風は急に勢力が弱まって当所言われたほどにはなりませんでした。

マスコミは台風の勢力が急におとろえた原因を言っていましたが、当の私は聖書の神が聖書の通りなされたものと信じているしだいです。

信仰とは現実で奇跡は起こるのです。

コロナウイルスもイエスの血によって封じこめることができるのです。このことを信じるか信じないかはあなたしだいです。

コロナワクチンは打つか打たないかは個人の自由で選択《たく》なされたらいいと思いますが私は一度も接種しておりません。

クリスチャンに対しての災いと神のさばき

次にエジプト人に下された疫病に続いて、神の選民に対して下された疫病のさばきを見て見ましょう。

イスラエル・ユダ王国の2代目の王となったダビデ王の時、彼が傲慢になって軍隊の数を調べた事が、神の前に罪を犯すことになり、その結果、疫病のさばきが下され7万人が疫病で死んだとされています。

サムエル記下

24：15「そこで主は朝から定めの時まで病疫をイスラエルに下された。ダンからベエルシバまでに死んだ者は7万人であった。」

その神の病疫を通してのさばきに対して、「わたしは、罪を犯かしました。わたしは、悪を行ないました」29：17と神に対して悔改めをなされました。

罪人の友・主イエス・キリスト教会（進藤龍也牧師）では、演壇に「コロナウイルスはクリスチャンの悔い改めから」と書いております。

コロナショックは、クリスチャンの悔い改めととりなしが求められており、方向転換、神への帰え、ざんげと反省のぜっこうの機会と思われます。

ダビデ王は
24：21「主に祭壇を築いて民に下る災をとどめるためです。」といって祈りの祭壇を築き祈願、祈祷したのです。

24：25「ダビデはその所で主に祭壇を築き、焼祭と酬恩祭をささげた。そこで主はその地のために祈りを聞かれたので災がイスラエルに下ることはとどまった。」

ダビデ王が悔い改めた時、神は疾病の災を取りさって下さいました。私達が真剣に神に祈り求める時、コロナウイルスは終息するでしょう。

「あなたはその民に耐えがたい事をさせ、人をよろめかす酒をわれらに飲ませられました」

「今は主を求むべき時である。60：3

ホセア書 10：22」

コロナウイルスの感染から守られる方法

エジプトにおける神からくだされた災からイスラエル人が守られた方法が今日のコロナウイルスから守られる方法の参考になります。

神は、小羊をほふり、おのおの家の入口の二つの柱とかもいにその血を塗るように命じられました。

やがて、エジプト人に災が下されるとき、イスラエル人の血がぬられている入口を通り越しイスラエル人の家を救われました。この出来事は過越しの儀式としてわすれないように祭りとして今日もユダヤ人は守り続けておられます。

死の使が血を見て過越していった、小羊の血は、神の小羊、イエスが十字架で流された尊い血をあらわします。

このイエスの血が病気や災いあらゆる罪からそして死から救うことのできる力なのです。

イエスの血はコロナウイルスに打ち勝つ免疫薬なのです。

このイエスの血をとっこう薬として用いていきましょう。

それではどのようにして用いることができるのでしょうか。それは私の心の扉に小羊の血をぬることです。すなわち、心の中にイエス・キリストが私の罪の為に身がわりとなって十字架で血を流して下ったことを信じることです。そしてイエスの血を唱えるのです。賛美するのです。

イエスの血！イエス・キリストの血！コロナウイルスより守って下さる！と声に出して祈り、唱えるのです。コロナウイルスは、あなたがイエスの血を賛美するので過ぎ越して行くのです。

更にイエスの血の力とイエスの名の力を唱なえると効果が増し加わります。

イエスの血と名の力がコロナウイルスに勝利する秘訣です。

聖書の言（ことば）の力

聖書の神の言を唱えることをおすすめします。

詩篇91篇を声に出して毎日唱えてみることです。

１００年前第１次世界大戦の５年間、イギリスのウイットゼイ大佐のひきいる部隊が、１人の死者も出さなかったことで有名です。その奇跡は、詩篇91篇を全員朝礼で唱えたことだとされています。クリスチャンの大佐が信仰をもちいて実践したからといわれています。しかも、スペイン風邪にもかからなかったとも言われています。

91

１いと高《たか》き方《かた》の隠《かく》れ場《ば》に住《す》む者《もの》は、

全能者《ぜんのうしゃ》の陰《かげ》に宿《やど》る。
2私は主《しゅ》に申《もう》し上《あ》げよう。
「わが避《さ》け所《どころ》、わがとりで、
私の信頼《しんらい》するわが神《かみ》」と。
3主《しゅ》は狩人《かりゅうど》のわなから、
恐《おそ》ろしい疫病《えきびょう》から、
あなたを救《すく》い出《だ》されるからである。

4主《しゅ》は、ご自分《じぶん》の羽《はね》で、あなたをおおわれる。
あなたは、その翼《つばさ》の下《した》に身《み》を避《さ》ける。
主《しゅ》の真実《しんじつ》は、大盾《おおたて》であり、とりでである。
5あなたは夜《よる》の恐怖《きょうふ》も恐《おそ》れず、
昼《ひる》に飛《と》び来《く》る矢《や》も恐《おそ》れない。

6また、暗《くら》やみに歩《ある》き回《まわ》る疫病《えきびょう》も、
真昼《まひる》に荒《あ》らす滅《ほろ》びをも。

7千人《にん》が、あなたのかたわらに、
万人《にん》が、あなたの右手《みぎて》に倒《たお》れても、
それはあなたには、近《ちか》づかない。
8あなたはただ、それを目《め》にし、
悪者《わるもの》への報《むく》いを見《み》るだけである。
9それはあなたが私の避《さ》け所《どころ》である主《しゅ》を、
いと高《たか》き方《かた》を、あなたの住《す》まいとしたからである。
10わざわいは、あなたにふりかからず、
えやみも、あなたの天幕《てんまく》に近《ちか》づかない。

11まことに主《しゅ》は、
あなたのために、御使《みつか》いたちに命《めい》じて、
すべての道《みち》で、あなたを守《まも》るようにされる。
12彼《かれ》らは、その手《て》で、あなたをささえ、
あなたの足《あし》が
石《いし》に打《う》ち当《あ》たることのないようにする。
13あなたは、獅子《しし》とコブラとを踏《ふ》みつけ、
若獅子《わかじし》と蛇《へび》とを踏《ふ》みにじろう。
14彼《かれ》がわたしを愛《あい》しているから、
わたしは彼《かれ》を助《たす》け出《だ》そう。
彼《かれ》がわたしの名《な》を知《し》っているから、
わたしは彼《かれ》を高《たか》く上《あ》げよう。

15彼《かれ》が、わたしを呼《よ》び求《もと》めれば、
わたしは、彼《かれ》に答《こた》えよう。
わたしは苦《くる》しみのときに彼《かれ》とともにいて、
彼《かれ》を救《すく》い彼《かれ》に誉《ほま》れを与《あた》えよう。
16わたしは、彼《かれ》を長《なが》いいのちで満《み》ち足《た》らせ、
わたしの救《すく》いを彼《かれ》に見《み》せよう。

疫病、災、滅び、悩み、しし、まむし、へびの言葉をコロナウイルスを入れ替えて唱えて見ると効果は抜群です。

信じるか信じないかはあなたしだい。

グロリア

２０２２年２月の現時点で、オミクロンの感染者が昨年８月のデルタ株「第５波」のピークを越えて広がっています。「第６波」のオミクロン株（ＢＡ－１）はデルタ株にくらべて毒性

が弱いと言われており死者、重傷者は少ないと言われていましたが、オミクロン株(ＢＡ-２）の発生により感染者が増え死亡者数が上がってきています。

オミクロン株（ＢＡ-２）はステルスオミクロン株と呼ばれ2月17日に東京都内で感染が確認され、コロナ「第7波」とされています。

日本では2月15日現在、感染者が４００万人（４０７万１２３２人）を越えました。それにともない死者も2万人（2万０７７０人）を越えています。今までは、高齢者の死亡率が高かったが、児童の感染者、死者がふえ、年齢が低下しているのが特徴です。

専門家は、昨年「第5波」収束の要因を次のように発表しております。

デルタ株でゲノム(全遺伝情報）の変異を修復する酵素が変化し、変異が修復できず死滅、働きが落ちたと言われています。

オミクロン株もデルタ株と同じような行程をたどるものと思われ、自然消滅し、収束にむかうと思われます。

又、専門家によれば、オミクロン株のあと毒性の強いウイルスが現われ「オメガ」の名前がつけられて、それが最後になるのではないかと言っておられます。

コロナ対策の最大の要は？

私達のからだは病気に打ち勝つ力が元々人類が誕生した時から神様から与えられています。

それはあなたの中にある生命力です。

わかりやすく言えば、免疫力のことです。

免疫とは「異物」（悪玉菌）を排除する体のしくみのことです。

コロナウイルスへの対応策として自分自身の免疫力、抵抗力、解毒力を高めることが大切で、薬にたよらない自然治癒力を生かすことです。

免疫力向上の為には腸を整えることです。その為には食生活を見直すことが大切です。まず、〇地産地消で旬のものを取る。〇化学調味料、食品添加物、遺伝子組み換えのものなど不自然な食品を取らない。〇乳酸菌の多い発酵食品を取る。

これらを取って、免疫細・胞腸内フローラを増やし善玉菌を増やし抵抗力を高めていきましょう。

具体的には納豆、キムチ、ヨーグルトがいいらしいです。私は会田共同養鶏組合の「あいだのたまご」を取り寄せて食べています。このたまごは飼料のとうもろこし、ダイズは、遺伝子組み換えでなく、化学肥料を使わなくて、除草剤をまかなくて収穫した飼料をにわとりのエサに使っています。

又、金綱の檻の中で生ませないで平飼《が》いで育てたにわとりのタマゴで安全性が保障されたタマゴとして、農水大臣賞、内閣総理大臣賞をいただいた、日本一安全なタマゴと言うことです。

コロナ禍の中で価値観を再考する機会

私たちは、今回コロナの中でものの考え方や価値観が変えられましたが、キリスト教界もそうです。経済で一番すごいのは、グローバル化ということで、例えば日本が車を生産しても、外国は金がなくて買ってくれない。今は中国と日本が逆転しましたが、20年前は中国がずっと下でした。中国に車や部品工場をつくれば、中国で雇用が生まれて、収入が増えゆとりができ、そしたら、日本の車を買ってくれるようになります。日本の消費者としても、３００万、４００万する車を人件費や部品の安い中国でつくらせると、安く購入できます。

だから、こっちだけがもうけるのではなく、ほかもうけさせてみんなが得になる方法がグローバル化という経済のシステムだったのですが、それがパーフェクトと考えていましたが今回そうでないと気が付いたわけです。特に皆さんがしているマスクですが、中国でつくらせていて、日本の工場は閉鎖し作られなくなっております。コロナが出たときは、中国から送られず、日本では2カ月間マスクがなくなり非常事態になりパニックになりました。

そこで、マスク生産のために企業が動いて、パナソニックやシャープなどがつくったこともないのに一生懸命やって、2カ月後には出回るようにしました。安ければ両方がプラスになるという考え方が、パーフェクトでしたが、それが破綻して失敗であったと気がつきました。万が一のために一つぐらいは工場を残して、すぐにできるような体制を組まなくてはいけない。そして高くても生産して、一部は政府が責任を持って病院などに納めるようにしないといけないと思います。

キリスト教会も、普通教会に大勢の方が集まって大きい教会になったら素晴らしいということで、いろいろ人集めをします。もちろんたくさんの人が集まることは救われることにつながるのでいいことですが、その数だけにとらわれていくと大失敗です。コロナの中で、カトリック教会の大聖堂の立派なところやプロテスタントの立派な教会であっても、集まることがなくなったじゃないですか。

だいたい信者さんはオンラインで礼拝して、日曜日は牧師さんご夫婦と奏楽の方の３人ぐらいがこういう形で発信します。でも、教会の原点は何なのか。それはイエス様がおっしゃいました、「２人、３人、私の名によって集まるところに私はいます」と。そこです。聖書は数多く集めなさいとは言っていない。２人、３人の本当にイエスを信じる人が集まるのが教会で、そこにもう一回原点に立ってくださいということです。

教会には素晴らしいステンドグラスがあったり、美術作品があったり、イエス様の像があって、そのようなことは芸術面では大きく貢献してはいますけれども、それが教会だといつの間にかすり替わっていった。荘厳な外観の素晴らしい会堂中で、すばらしい衣装の聖歌隊やイベント、そういうきらびやかな目に見える形のほうに流れていったキリスト教界ですが、今回のことはもう1度あらためて、原点に立ち返ってくださいという神様からのメッセージだと思います。

その中で、もう一度福音とは何なのか。それは難しい教義とか清めとかの問題ではなくて、大事なのは、イエス様が私たちのために十字架に架かって死んでくださって、三日後によみがえってくださったこと。そのことをもう一遍心から私たちは受け止めて、それを人々に伝える、その原点に戻りましょうということです。

そして、パウロ先生は、私が最も大事なこととして伝えたでしょうと、ここで強調しています。自分も信じているけれども、私たちの罪のために十字架に架かったイエス様をそのまま信じていきましょう、これが福音だということで、この原点に立ち返ってまいりましょうと。そして主が来るのが近いことも、併せて頭の中に入れていただきたいと。

それと、最初に言ったように、コロナはもうすぐ終わります。始まりがあれば終わりがあるので。過去の１００年単位でも収まっていきました。いずれ収まることを私たちは覚えているので、不安がらずに、今回の教訓を頂いてコロナの後にどうしたらいいのか、どう生きていったらいいのか、教会もどうやっていったらいいのかを考えるべきではないでしょうか！

次の手紙を松本倫理法人会のモーニングセミナーに出席した時資料として配られていたので御紹介します。

これを読むとコロナウイルスがなぜ起ったのかの意味がなんとなくわかりますね。

コロナウイルスからの手紙

２０２０年春、ヴィヴィアン・リーチという人が書いた「新型コロナウイルスから人類への手紙」という一通の手紙が話題となりました。

人類の皆様へ

地球はささやきました。でもあなたがたには聞こえなかった。
地球は話しかけました。でもあなたがたは聞こうとしなかった。
地球は叫びました！でもあなたがたは、
まるでスイッチを消すようにそれを消して、耳を貸しませんでした。

だから私は生まれました。
私はあなたがたを罰するために生まれたのではありません。
あなたがたを目覚めさせるために生まれたのです。

地球は助けを求めて泣き叫びました。
ひどい洪水、水害、にもあなたがたは耳を傾けなかった。
燃えさかる火、山火事もあなたがたは聞こうとしなかった。
強力なハリケーン、台風でもあなたがたは聞かなかった。
恐ろしい竜巻、でもあなたがたは聞かなかった。
あなたがたは、これでもまだ地球の話を聞こうとしません。

海の生き物が海水の汚染物質により死んでいきます。

驚くべき速さで氷河が溶けています。
深刻な干ばつ
地球がどれだけネガティブなひどい状態を受けていても、
あなたがたは聞こうとしなかった。

止まない戦争
止めどない貪欲さ
あなたがたはただあなたがたの生活を続けていました。
どれだけの憎しみがそこにあっても、
どれだけの人が毎日殺されても、
あなたがたには地球があなたがたに伝えようとしていることより、
最新の iPhone を手に入れることの方が重要でした。
でも今私はここにいます。

そして私は世界の軌道を止めました。
私はあなたがたについに耳を傾けさせました。
私はあなたがたに避難を余儀なくさせました。
私はあなたがたに物質的な考えをやめさせました。

今あなたがたは地球のようになっています。
あなたがたは自分たちが生き残ることだけを気にかけています。
それはどんな風に感じますか？

私はあなたがたを発熱させました、地球が燃やされているように。
私はあなたがたに呼吸器系の問題を与えました、
地球の大気が汚染で充満しているように。
私はあなたがたに弱さを与えました、地球が毎日弱っていくように。

私はあなたがたから快適さを取り去りました。

あなたがたの外出、あなたがたが忘れてしまっていたこの惑星とその痛みそして私は世界を止めました。

すると今、
中国の大気の状態は良くなりました。

工場が大気中へ汚染物質を吐き出さなくなり、空は青く澄み渡りました。

ベニスの水は透明になり、イルカたちを見ることができます。

水を汚染するゴンドラを使っていないからです。

あなたがたはあなたがたの命、生活、人生において重要なことは何なのか、
よく考える時間ができました。

もう一度言いますが、
私はあなたがたを罰するためにここにいるのではなく、
あなたがたを目覚めさせるためにここにいるのです。

これが全て終わった時私は去ります。

どうかこれらの瞬間を覚えておいてください。
地球の声を聞いてください。
あなたがたの魂の声を聞いてください。

地球を汚染するのをやめてください。
お互いに争うことをやめてください。
物質的なことばかり考えるのをやめてください。

そして、隣人、近しい人を愛することを始めて下さい。
地球とそこにいる全ての生き物を大切に考えることを始めてください。
なぜならこの次、私はさらに強力になって帰ってくるかもしれないから。

コロナウイルスより

ビビアンRリーチ記

最終章　幕があがる。

聖書的経営より

経済と世界情勢は、「一寸先は闇」といったところで、手さぐり状態が続いており、誰も先のことを正確に読めません。そういう中で、これからの時代がどうなっていくのかを、「聖書預言」を通して私なりの時代の天気予報をしますので、参考にしていただけたらと思います。

聖書の『ヨハネの黙示録』の黙示のことを原語でＡＰＯＫＡＬＩＰＳＩＳ（アポカリュプシス）と言い、覆いを取り払って明らかにするという意味で、隠された真理を解明し、覆っているベールを取り除くということです。

この世の終わりについて、仏教では末法思想、キリスト教では終末論と呼んでいます。また宗教家も色々な呼び方で、特にノストラダムスも「ノストラダムスの大予言」で、世界の終りについて触れています。聖書は『ヨハネの黙示録』と『ダニエル書』に、終末のことが詳しく書かれています。

聖書は一般に「律法と預言」の書と言われており、旧約聖書で語られている預言が、その通り現実になって成就したのが新約聖書です。特にキリストは預言によって生まれ、やがて十字架にかけられ、そして墓から復活しました。すべて預言の通りになったのです。

これから先の時代（二十一世紀）についても、聖書は預言しております。その預言の解明はなかなか難しく、慎重に取り扱うことが求められます。その預言の解釈について伝統的になされていることと、今、専門的に終末論について研究している牧師たちの考え方を参考に、私なりに解釈しているので触れてみたいと思います。

まず結論から申しますと、資本主義経済が完全に崩壊することが、黙示録から読み取れます。

「ああ、わざわいだ、大いなる都、不落の都、バビロンは、わざわいだ。おまえに対するさば

きは、一瞬にしてきた」（十八章十節）

「ああ、わざわいだ、麻布と紫布をまとい、金や宝石や真珠で身を飾っていた大いなる都は、わざわいだ。これほどの富が、一瞬にして無に帰してしまうとは」（十八章十六節）

「天よ、聖徒たちよ、使徒たちよ、預言者たちよ。この都について大いに喜べ。神は、あなたがたのために、この都をさばかれたのである」（十八章二十節）

「大いなる都バビロンは、このように激しく打ち倒され、そして、全く姿を消してしまう」（十八章二十一節）

大いなる都バビロンとは、かつて中近東で栄えた最初の世界帝国、大バビロン帝国を表しています。そして、その後起こったペルシャ帝国、ギリシャ帝国、ローマ帝国と人間の欲望と人間至高主義の思想が完全なる国家として、現在の資本主義国家に引き継がれています。その資本主義国家のチャンピオン・リーダーがアメリカです。

第二次世界大戦後、パックス・アメリカーナ（アメリカによる世界平和）で世界をリードしてきたアメリカのモデルは、かつてのヨーロッパのローマ帝国でした。ヨーロッパ人は、絶えず理想の国家、永遠のローマである「ローマ帝国」を夢見ています。

バビロン、ローマの亡霊が生き続けており、資本主義の国々の中に宿り、やがて新生ローマ帝国の誕生をもたらすことが「聖書預言」の中から読み取れます。

二〇〇九年十一月十九日、欧州連合（ＥＵ）初代大統領にベルギーの首相ファン・ロレパウ氏が選ばれました。ＥＵこそ統合されたヨーロッパ合衆国であり新生ローマ帝国とも言えるものです。ＥＵは人口約五億人、アメリカ（約三億四百万人）の約一、八倍、二〇一〇年は、ＧＤＰがアメリカを抜いて世界一になる見込みで、アメリカは経済大国二位になり、中国が三位、日本は四位の見込みです。

聖書預言によれば、ＥＵが経済や軍事に力をつけ、続いて中国が強力な経済力と軍事に力をつけ、台頭してきます。更にロシアは、プーチン首相が二〇一二年、次期大統領選挙に出馬して、豊富な地下資源にものを言わせ、強くなってソビエト時代のようになってきます。アメリカは、サブプライム・ローン問題で自爆したも同然で、経済力を失います。そしてオバマ政権がアメリカを衰退させ、ヨーロッパにその座を譲ります。

日本も、デフレと円高で景気は二番底になり、人口減少で経済が下降線を辿ります。アメリカと日本は急速に力を失っていき、世界はヨーロッパ（ＥＵ）を中心に動いていくでしょう。やがてヨーロッパに強力なリーダーシップを持った指導者が登場し、中近東問題を解決し、世界を統制するためにナンバー制を導入し、すなわち国民一人ひとりに背番号をつける制度を採用するでしょう。

やがて彼は、独裁者となって反キリストを名乗るでしょう。世界は四つのブロック、ヨーロッパ連合、ロシア、中国、インド中近東アフリカに分かれ、アメリカと日本はかやの外に置かれ、経済、軍事力の綱引きがなされます。パレスチナ（イスラエル）を中心に武力によって経済情勢を乗り切るために、戦争という愚かな行為に解決を求めるようになるでしょう。それが人類最後の戦争とも言える「ハルマゲドン」です。第三次世界大戦の勃発です。戦争への道は、資本主義経済の破綻からくるもので、その行きつく先は人類の破滅です。

しかし、希望がないわけではありません。

今のこの世界が滅びる時、主イエス・キリストが再び御越しになられて人類を救済するのです。これをキリストの「再臨」と言います。そして万物更新がなされ、新しい天地が創造され、「義」の支配する時代が始まります。この時代はこの地上で千年続きますので、「千年王国」と呼ばれます。

千年王国の経済システムは、神様中心の経済で運営されます。

神本主義経済で経済は安定し、人々は安心して平和に暮らします。もう人本主義（ヒューマニズム）の資本主義経済は必要なく、そこには存在しません。

聖書は、世の終わりに臨む私たち人類に警鐘を鳴らしております。

「わたしは終わりの事を初めから告げ、まだなされない事を昔から告げて言う『私の計りごとは必ず成り、わが目的をことごとく成し遂げる』と」（イザヤ書四十六章十節）

666がやってくるより

終末思想

聖書は、世界の終わりは必ず来る、と言っています。仏教の教えでは、現世は末法の世であり、末《すえ》の世《よ》になると世の中が乱れてくるという考えで、末法思想と言っています。

一般の宗教家にも同じ思想を持っている方がおられ、一九九九年七の月に天から大鬼王が降りてきて地球が終わる、というノストラダムスの大予言ははずれましたが、彼は世界にインパクトを与えた宗教的予言者でした。

二〇一二年十二月十二日に地球が滅びる、と予言したマヤ暦もはずれましたが、終末思想を改めて世界に提起させました。また、三・一一の地震のときも、起こる前、起きた後、予告、予言した多くの方がおられました。

二〇一〇年九月四〜五日、有明コロシアムで、「クリストファー・サン国際大会」が開かれました。この大会は、二〇一〇年一月十二日に発生した、マグニチュード（M）七・〇、死者三十一万六〇〇〇人を出した、ハイチ地震が起こる二カ月前に預言した中国系アメリカ人牧師の集会でした。

クリストファー・サン牧師は、近々ハイチに大地震が来ると預言し、五万人の会衆に神への信仰の回帰を訴えました。大会が終わって二カ月後に彼の預言は的中したのでした。

その後、クリストファー・サン牧師が祈っているとき、幻の中で、アジアで大地震が起き、被災している人々の顔が日本人であったので、近々日本に大地震が来ると預言し、日本のペンテコステ派の教会が中心に集会を企画したのでした。

集会は私の知り合いの牧師たちの集まりでした。その講師がハイチ地震を預言したことについては半信半疑でありましたが、地震が預言の通り現実となったので出席しました。そして、日本にも起きるとの預言について詳しく聞くために参加しました。

出席する前に、万座温泉、日進館のオーナー・泉堅氏に、本当に近々日本に大地震が起こるのだろうか、と尋ねました。彼も、近々地震は起きると啓示を受けていると言われ、大会に出席するつもりだと言っておられましたので、大会で彼と会う約束をしました。

実際大会に出席してみると、知り合いの方々も興味があったらしく、多く参加しておられました。佐藤綾子さん（パフォーマンス心理学）、杣浩二さん（神戸平和研究所、株式会社サンビルダー代表取締役）、進藤龍也さん（「罪人の友」主イエス・キリスト教会牧師）、渡辺明日香さん（元ルークナインティーン社長）、沢田富美子さん（元アイドル、不動産投資家）、アーサー・ホーランド宣教師の方々でした。

大会は熱気に包まれており、約二〇〇〇人の方々が参加された大会でした。この大会は、一般のマスコミは取り上げず、キリスト教系のマスコミのみ取り扱ってくださいました。

私は三・一一が起きる六カ月前にこのことを一般マスコミが取り上げていたら、多くの方々が亡くならなかったのではと、マスコミの責任を痛感しました。

動物たちは、地震が起こる前に本能的に危険を察知し、その場から遠く離れて助かり、生き延びています。私たち人間の中にも、目に見えないところにおいて理解、察知する方々が確かにおられます。このような方々も、世界の終わりが近いことを感じておられるようで、そのようなことを書いた本が書店に多く並んでいます。

世界の終末とはどのようなことなのか、わかりやすく触れてみましょう。

その終末とは、人類の悪が最高潮に達し、もはや地球そのものの存続が臨界に達するということです。そしてその末期症状が顕著に現れ、世界と地球全体がメルトダウンすることが終末（世界の終わり）なのです。

今や、世界は間もなく臨界状態に達すると科学者は警告しています。それではその臨界状態に間もなく達する時期、ピークはいつなのでしょう。

現在科学者たちは一様に、その割り出した膨大なデータから、二〇四〇年頃ではないか、と警告しています。世界の終わりが二〇四〇年とすれば、今から二十三年後のことであり、もはや私たち人類にとって残された時間はわずかしかないということです。

私たちは現在、人類史上最大のクライマックスの位置に生きていることになります。そしてもしかしたら、今日この地球上に生きている私たちだけが体験できる、歴史的な瞬間を迎えるのかもしれません。それでは聖書は、世の終わりの時期について何と言っているのかを見てみましょう。

「その日、その時は誰も知らない。天の御使たちも、また子（イエス）も知らない。ただ父だけが知っておられる」（マタイ二十四章三十六節）

聖書では、時期については何年、何月、何日と割り出すことについてタブーであるとし、そのことの解明の領域は、神の領域で立ち入ってはならないとしています。そのことを神が語られた、神から啓示を受けた、預言が与えられたと公言する者が現れたら、偽預言者としてレッテルを貼られ、辱めを受け追放され、社会で生きてはいけないでしょう。

かつて、予言がはずれて信用を失った宗教団体がいくつかありました。そして「異端」としてのレッテルが貼られています。

しかし、世の終わりの前兆には、こういうことが起こるとイエス自身が弟子たちに説明しています。また「目をさましていなさい。用意をしていなさい。譬を学びなさい。悟れ。祈れ。

注意していなさい」と、世界の終わりの前兆は、だれでも理解でき、わかる、と言っています。

その世の終わりの前兆の時期については、簡単な子供のようなやり方で説明できます。世の終わりの前兆の具体的年号数字は、預言でもなければ、啓示でもありません。あくまでも予報ですから天気予報と同じで、当たっても当たらなくても責任が問われません。あくまでも予報なのですから……。

世の終わりの前兆の天気予報

世界の終わりの中で、６６６と独裁連邦共和国の建設、ユダヤ（イスラエル）の回復、第三神殿の建設、キリストの再臨があります。このキリスト再臨の時期が、世の終わりの時期と重なります。キリストの再臨とは何でしょうか。

わかりやすく言えば、人類の罪のために身代わりとなって十字架にかかり死なれたキリストが墓から蘇り、四十日間、弟子たちの前に現れて、彼らの見ている前で生きたまま天に上がられた（昇天）のですが、その時見た同じ有様で帰ってくるとのことなのです。

「あなたがたを離れて天に上げられたこのイエスは、天に上がって行かれるのをあなたがたが見たのと同じ有様で、またおいでになるであろう」(使徒言行録一章十一節)

なんと、二〇〇〇年の時を経て、昇天したキリストが再び地上に帰ってくるとは、驚くべき話です。

キリストが昇天したのは、紀元後三〇年、三十三・五歳の時です。

ミレニアム思想

「The Millennium」は「千年王国」と訳されます。また「千年至福説」という終末思想で、キリストの再臨後、一〇〇〇年続く幸せな時代で、世の終わりの裁きの暗いイメージとは対照的に、人類にとって朗報であります。

かつてのエデンの園の楽園が終末のあと、地球上に再現されることで、聖書を信じるキリスト教徒の希望の世界です。ミレニアム、一〇〇〇年の語源は、

「愛する人たち、このことだけは忘れないでほしい。主のもとでは、一日は千年のようで、千年は一日のようです」(ペテロ第二十三章八節)

ここからと黙示録二十章の千年の期間に由来します。

かつてキリストの再臨は、紀元後一〇〇〇年頃に騒がれましたが、何も起こりませんでした。現在二回目の一〇〇〇年の変わり目を迎えています。ミレニアム思想に固執するならば、キリストの昇天は、紀元後三〇年ですから、ふたまわりのミレニアムは、二〇三〇年になります。終末=再臨は、二〇三〇年頃と単純に割り出すと、再臨は遠い話ではなくなってきます。

科学者の二〇四〇年、そしてミレニアム思想の二〇三〇年。「終末と再臨の天気予報」の参考になったでしょうか。本当の時期は、神だけが御存じで誰もわかりません。もしかしたら終末と再臨は、三回目のミレニアムになることもありえます。

空中再臨と地上再臨

キリストの「再臨」には二通りあり、それは「空中再臨」と「地上再臨」です。読んで字の如くで、地上再臨とはキリストが地上に降り立ち来臨することで、空中再臨とは、キリストが信者と空中でランデブーすることです。

まず空中再臨は、天国（神の国）からキリストが下がってこられ、定められた上空でとどまります。そして信者が地上から上へ引き上げられ、定められた上空でキリストとドッキングし、婚礼の宴が設けられます。この、地上から上空へ引き上げる現象を携挙《けいきょ》（ラプチャー）と言います。この「携挙」は、異次元のモードに一瞬にリセットされます。ラプチャーとは、原語で「一瞬につかみ取る」と言います。「つかみ取る」とは「守る」という意味で、信者が終末のわざわいから神によって保護され、守られるということです。

太古の昔、地球が大洪水で滅ぼされた時、ノアの家族と動物たちが、箱舟の中に入って守られたように、神はご自身が用意した謎の飛行物体（ＵＦＯ的）で、私たちを終末の大患難から守ってくださいます。そして、空中でキリストと共に地上の悪が最高潮に達するまで、待機しているこのような状態を「携挙」、または「空中再臨」と言います。

「携挙」の時、私たちの肉体に特別な変化が起こり、新しい「からだ」が与えられ、その「からだ」を「栄光のからだ」「霊のからだ」「朽ちないからだ」「復活のからだ」「天上のからだ」「天使のからだ」と呼んでいます。

「終わりのラッパの響きと共に、瞬く間に、一瞬にして変えられる」(第二コリント十五章五十一節)

いつかは知らねど　聖歌六二三番

1. 何日は知らねど　主イエスの再び
この世に来たもう　日ぞまたるる
その時聖徒は　死よりよみがえり
我らも栄の姿とならん

5．たずさえ上げられ　主イエスにいだかる
その日の喜び　いかばかりぞ
備えは終れり　いざ来たりたまえ
花婿《むこ》なる主よ　救い主よ

空中再臨と携挙は、「竹取物語」の中で「かぐや姫」が月の都からお迎えの天の車が降りてきた昔話に似ています。私たちは子供心に、天に上がっていく天の車に乗っている「かぐや姫」は、空気が薄いのによく生きていて、上空のどこへ消えていったのだろうと思ったはずです。

子供のファンタジーと夢を注ぐ物語です。この竹取物語も、原始キリスト教が渡来人（秦氏）によってもたらされ、聖書の話をもとに創作されたのかもしれません。お迎えの「天の車」は、ＳＦドラマのようで、宇宙からキリストと共に上空にやってくる巨大な宇宙戦艦ヤマトに

似た飛行船かもしれません。ノアの大洪水の時の「箱舟」、終末の裁きの時に神によって用意される「飛行船」が二十一世紀の「箱舟」かもしれません。これ以上は読者の想像にお任せします。

空中再臨、携挙は、終わりの時代のどこの時点で起こるのでしょうか。

携挙は恵みです。良いニュースです。

アメリカ最大の新聞社には、いつ「再臨」があってもいいように最大の活字英語の「再臨」が用意されています。やがてすべての世界中の新聞一面トップで、最大の字体で「再臨」がビッグニュースとして取り上げられるでしょう。

６６６の登場と、イスラエルの回復、黙示録の七つの災いと同じ時期にあたり、同時進行します。

終末の患難時代は「一週」、すなわち七年間あります。その中間地点（二分の一）が三年半であり、前半（三年半）と後半（三年半）に分けられます。

終末の患難時代の期間

聖書には、この期間について次のように書いてあります。

「彼は一週の間多くの者と、堅く契約を結ぶでしょう。そして彼は、その週の半ばに犠牲と供え物とを廃するでしょう。また荒らす憎むべき者の翼に乗ってくるでしょう。こうしてついにその定まった終わりが、その荒らす者の上に注がれるのです」（ダニエル書九章二十七節）

「一週」とは七日で七年の意味です。

「彼は」とは「６６６反キリスト」のことです。

６６６は、混乱する国際社会において、彼の連邦共和国とさまざまな国との間に二国間条約を結び、一時的に国際社会に平和と安定をもたらします。その結果、かつてない繁栄を世界は迎えます。

「週の半ば」とは、七年の中間地点のことで三年半です。そして前半（三年半）と後半（三年半）、すなわち患難時代の前期と後期に分けられます。

「犠牲と供え物を廃する」とは、第三神殿でのユダヤ教のさまざまな宗教的儀式を止めさせる、ということです。

「荒らす憎むべき者の翼に乗ってくる」とは、666が独裁者として全世界に君臨し、登場してくるということです。

「ついにその定まった終わりが、その荒らす者の上に注がれる」とは、裁きが666になされて滅ぼされるとのことです。

666は、七年の前半は紳士的な平和なリーダーとして登場し、全世界はこぞってスーパースターを歓迎します。そして中間地点で豹変し、牙をむき出しにして正体を現し、彼に従わない者を弾圧します。特にクリスチャンに対する大迫害が起こります。あまりにも身勝手な政治をするので、条約を締結した国々はその条約を破棄し、獣の国々に敵対するようになります。

やがて獣の国と敵対国との間には軍事衝突が起こります。アメリカ・EUをバックに形成された新生ローマの獣の国の軍隊と、ロシア軍、そして中国軍により、かつての日本での関ヶ原の天下分け目の戦いのように、パレスチナのメギドの地で地球最後の戦争、「第三次世界大戦」が勃発します。この戦争のことは「ハルマゲドンの戦い」と呼びます。
世界の三極（ロシア・中国・６６６の国）の軍隊が、なぜ狭いメギド（エスドラエロン平原）の地に集結するのでしょうか。カエルのような悪霊が各国の指導者に働きかけ、招集するのです。関ヶ原も狭い盆地のようなところに戦国大名の兵が集まり、東軍・西軍が激突したのです。著者も両方（メギド・関ヶ原）研究のために調査したのですが、大軍が衝突するには狭いところです。関ヶ原に東西両陣営が引き寄せられたように、メギドの地に各国の軍隊が集結させられ、戦争へと人類が破滅の道に向かうと黙示録の預言で定められています。地球は第三次世界大戦の核戦争で破壊され、廃墟と化すでしょう。
「罪を犯すときに用いたその同じもので、罰を受けることを悟らせるために」（聖書外典　知恵の書、十一：十六）
人類は「核」を手に入れ、広島と長崎に投下したように、その同じ人類が作った道具（核兵器）で自らを滅ぼすことになるのです。このハルマゲドンの戦いは、七年（患難時代）の終わりの頃に起こります。

再臨の時期は

三つの解釈があります。

その一つは、七年間（患難時代）に入る前に、空中再臨が起こるという説です（七年間、聖徒は空中で保護されるとのことです）。

二つ目は、中間地点（患難時代後半）に、666が独裁政治を強力に進めるように現われた時、空中再臨が始まるという説です（三年半、聖徒は空中で保護されるとのことです）。

三つ目は、大患難時代（666の圧政の中）を聖徒たちも通り、ハルマゲドンの前に空中再臨があり、「核」戦争から保護され、キリストが地上再臨すると共に、ミレニアム王国の支配者になるという説です（空中再臨と地上再臨の間は短く、空中滞在は短期間とのことです）。

一つ目の考え方は、患難にはキリスト者は絶対に遭わない、キリストに守られているをいうことからきています。この考え方はキリスト者たちの少し虫のいい解釈に受け取れます。

二つ目も同じです。しかし、聖書を注意深く読みますと、患難時代を通らされ、その中で神によって聖徒たちは守られる、と受け止められます。それはイスラエルの民がエクソダス（出エジプト）するときに、神の神判がエジプトになされました。同じエジプトの地にいて、エジプト人の住んでいるところには裁きが下り、イスラエル人のところには裁きは下されずに守られ、明暗がはっきりと分かれました。また、ノアの大洪水の裁きの中で、ノアの家族が「箱舟」で守られたように、裁きのただ中で守られました。ということから、すべての人類に最後の神判の裁きが下される中、クリスチャンは神の特別な祝福を受け、災いから守られるということです。

三つ目は、七年の終わり頃、空中再臨と「携挙」があり、その後あまり長い時間を置かず、キリストが地上に再臨されるという流れです。しかしそうなると、現実的に選択の対応を誰でもしなければならないことがやってきます。その具体例がマイナンバー制度における、ＩＤナンバーのバイオチップを右手の皮膚《ひふ》の下に挿入《そうにゅう》することを受け入れるか、受け入れないかの選択です。

「すべての人々に、その右の手あるいは額に刻印《こくいん》を押させ、この刻印のない者はみな、物を買うことも売ることもできないようにした」（黙示録十三章十六、十七節）

受け入れないとスーパーで食糧が手に入らないということで、食事をすることができないということです。ということは、生きていけないとのことです。あなたはその選択を迫られた時、どう対応しますか？　特にクリスチャンは信仰が試される時です。

このような時、神様が、四十年の間荒野を旅するイスラエルの民に、天からマナを与え養ったように、更に数万人の群衆がたったの「五つのパンと二匹の魚」で満腹したように、驚くべき様々な奇跡を体験するのです。

最終章　地上再臨

終末の最終章の幕があがります。

それがキリストの地上再臨です。

地上再臨とは文字通り、キリストが地上に再び帰ってくるということです。再臨は英語で「セカンド・カミング」と言い、キリストが二回目に帰ってくるということです。一回目は二〇〇〇年前で「初臨」と言います。

花婿なるキリストと、花嫁なる教会が空中で婚宴を催すのが空中再臨で、地上再臨はキリストと聖徒たちが悪と罪を滅ぼし、世界を新しく一新し支配することです。人類の悪と罪が最高潮に満ちた時、キリストがエルサレムの東の小高いオリーブ山に降り立つのです。このオリーブ山は、イエスが祈ったり、弟子たちに教えたり、近くの村人に伝導をなされた場所です。イエスはこの場所から、弟子たちの見ている前で天に上げられました（昇天）。

オリーブ山から、真西の方角にエルサレムの市街が見わたせます。ここから見るサンセットは感動的です。

一九九五年、著者がエルサレムを訪れた時、「黄金のドーム」に夕日が沈む時、ドームが黄金色に輝いて、神秘的な美しさに涙が出そうになったことを覚えています。オリーブ山は、名前の響きと共に、特別なパワースポットで、神聖な場所に思えてなりません。この場所にキリストが再び降り立つ（地上再臨）というのです。

「その日には、彼の足が東の方、エルサレムの前にあるオリーブ山の上に立つ」（ゼカリヤ書十四章四節）

ハルマゲドンの戦いの終焉

ハルマゲドンに集結した多国籍軍（ロシア・中国・アメリカ・ＥＵ）は、エルサレムに侵攻します。

「わたしは万国の民を集めて、エルサレムを攻め撃たせる」（ゼカリヤ書十四章二節）

多国籍軍は、カエルの霊（悪霊）に招集されますが、歴史を支配する神は、サタンの計画を更に利用して審判のために用いられます。

使徒ヨハネは、ハルマゲドン終焉の様子を幻で示されました。白い馬に乗っている方と同じように、白い馬に乗っている純白の衣を着た天の軍勢が、６６６と多国籍軍の軍勢に勝利し、彼らを捕らえて地獄に投げ込む様子を見たのです。白い馬に乗っている方こそ主イエスです。

イエスは義をもってこの世を審《さば》くために来られ、悪と戦われます。ハルマゲドンの戦いの結末は、主イエス自身が多国籍軍（有志連合軍）を破り平和をもたらし、新しい世界秩序をつくられます。その新秩序世界が「千年王国」なのです。

「それは、主イエスが炎の中で力ある天使たちを率いて天から現れる時に実現する。その時、主は神を認めない者たちや、私たちの主イエスの福音に聞き従わない者たちに報復し、そして、彼らは主のみ顔とその力の栄光から退けられて永遠の滅びに至る刑罰を受けるであろう。その日に、イエスは下がってこられ、聖徒たちの中であがめられ、すべて信じる者たちの間で驚嘆されるであろう」（第二テサロニケ一章七～十節）

「その時に怒ると、不法の者が現れる。この者を主イエスは御口の息をもって殺し、来臨の輝きによって滅ぼすであろう」（第二テサロニケ二章八節）

「見よ、間もなく不正が地から取り去られ、私たちの間を正義が支配するからである」（エズラ記十六章五十三節）

夜明け前

夜明け前が一番暗いと自然界ではよく言われています。著者も若い頃、ふるさと屋久島の〝飛魚漁〟に夜、舟で漁に出た時、夜が明ける前の一瞬、数秒ですが、真っ暗くなり、漆黒の世界でしょうか、不気味に思った体験をしたことがあります。世の中が最も暗黒になった頃、すなわち「真夜中」に、神はこの世に対する審判をなさいます。

「主は仰せられる、『真夜中ごろ、私はエジプトの中へ出ていくであろう』」(出エジプト記十三章四節)

やがて、この世のすべての悪と罪が葬られ一掃され、悪に終止符が打たれます。そして、世界は平和な朝を迎え、永遠の昼となります。かつて真夜中にエジプトに対して神の裁きがされました。今日キリストは真夜中に王の王として審判を下されます。エジプトの審判でイスラエルの人々は、〝子羊の血〟で守られ、災いは、彼らの上を通りすぎていきました。今日の審判は、子羊なるイエス・キリストの血を信じる者の上を災いは通り越していきます。子羊なるイエスの血によって、私たちは守られます。

もう間もなく夜がやってきます。

「私たちは、私を遣わした方の技を昼の間に行わなければなりません。誰も働くことのできない夜が来ます」〔ヨハネによる福音書第九章四節（新改訳）〕

「見よ。私はすぐに来る。報いを携えてきて、それぞれの仕業に応じて報いよう。私はアルパであり、オメガである。最初の者であり、最後の者である。初めであり、終わりである」（ヨハネ黙示録第二十二章十二・十三節）

著者略歴

平田和文（ひらた・かずふみ）

一九五五（S三〇）世界遺産の大自然に包まれた屋久島に生まれる。

一九七五（S五〇）陸上自衛隊旭川駐屯地勤務

一九八九（H一）日本アルプスに憧れ、松本市へ居住。

二〇〇〇（H一二）冒険家として南米最高峰アコンカグア（六九六〇メートル）に挑戦。奇跡的に九死に一生を得て生還する。

二〇〇一（H一三）世界第六位の大河パラナ川下りを世界初単独で約二〇〇〇キロメートルを三七日でカヌーで達成。

二〇〇二（H一四）深田久弥の日本百名山を最速登頂六六日で達成。

二〇〇三（H一五）「VIPクラブ信州松本」を立ち上げ、内外著名人・経営者・専門家を招き、講演会シンポジウムを企画（通算約一〇〇回）
二〇〇五（H一七）資本金ゼロで（株）アルプス警備保障を創業。
二〇一二（H二四）ビジネスホテル・サザンクロスイン飯田を経営。
二〇一八（H三〇）ホテル屋久島山荘を取得経営。
二〇一（H三一）統一地方選挙松本市議会議員選挙に出馬。
二〇二〇（H三二）四五年ぶりに、屋久島にUターン
二〇二一（H三三）屋久島町議会議員選挙に出馬

コロナのあとにくるもの

2023年3月31日発行

著　者　平田和文
発行者　向田翔一

発行所　株式会社22世紀アート
〒103-0007
東京都中央区日本橋浜町3-23-1-5F
電話　03-5941-9774
Email: info@22art.net　ホームページ：www.22art.net

発売元　株式会社日興企画
〒104-0032
東京都中央区八丁堀4-11-10 第2SSビル 6F
電話　03-6262-8127
Email: support@nikko-kikaku.com
ホームページ：https://nikko-kikaku.com/

印刷
製本　株式会社PUBFUN

ISBN：978-4-88877-179-5